RECHERCHES

BIOGRAPHIQUES

SUR DENIS MARIN

DE LA CHASTEIGNERAYE.

(1)

A Paris,

> Chez Ant.-Aug. Renouard, Libraire, *rue St.-André-des-Arcs*, N.º 55.
>
> Au Bureau du Journal typographique et bibliographique, *rue d'Enfer St.-Michel*, N.º 14.

A Dijon,

> Chez Coquet, Libraire, place St.-Jean.

A Auxonne,

> Au secrétariat de la Mairie.

RECHERCHES

BIOGRAPHIQUES

SUR DENIS MARIN

DE LA CHASTEIGNERAYE,

Conseiller d'État, Intendant des finances de France sous Louis XIV.

Par C.-N. Amanton, Avocat, Maire de la ville d'Auxonne, de plusieurs Académies et Sociétés savantes.

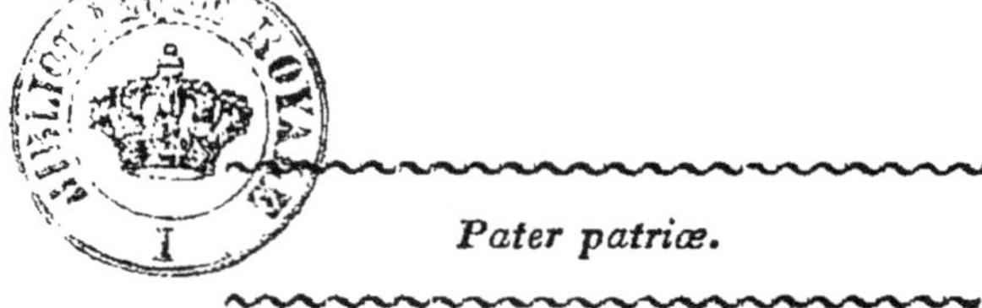

Pater patriæ.

DIJON,

DE L'IMPRIMERIE DE FRANTIN.

1807.

AVERTISSEMENT.

ON voit dans l'une des salles de l'hôtel de ville d'Auxonne, le portrait d'un Magistrat, orné de cette inscription en lettres d'or : PATER PATRIÆ. 1666.

Les Auxonnais savent par tradition, que ce portrait est d'un M. Marin, né parmi eux, d'un simple artisan ; que ce personnage fit une grande fortune, devint Intendant des finances sous Louis XIV, rendit de grands services à son pays natal, et donna ce même portrait à ses compatriotes.

La mémoire de M. Marin a toujours été en grand honneur à Auxonne. On a même donné en l'an XI (le 14 février 1803), son nom à l'une des rues de cette ville (la rue *Chausse-Chien*) ; mais son histoire y est absolument ignorée.

Nous avons desiré d'en connoître les particularités.

Nos recherches à cet égard, n'ayant pas été sans fruit, nous les offrons au public comme supplément d'une tradition imparfaite.

Nous sommes loin d'avoir la prétention d'élever à la mémoire de M. Marin, un monument digne du mérite auquel il dut son élévation ; mais qu'il nous soit permis d'avoir la confiance qu'au moins chez les Auxonnais, dont nous avons eu particulièrement en vue de satisfaire la juste curiosité, notre foible travail échappera à l'oubli à la faveur du sujet.

RECHERCHES

BIOGRAPHIQUES

Sur Denis MARIN de la Chasteigneraye , Conseiller d'État , Intendant des finances de France sous Louis XIV.

Pater patriæ.

Denis Marin naquit à Auxonne, au mois de janvier 1601 ; Jean Marin, son père, y exerçoit l'humble profession de cordonnier, sa mère s'appelloit Julienne Jacquot.

Denis Marin fut emmené fort jeune à Paris, par François Coquet (1), Contrô-

---

« (1) François Coquet, fils de Nicolas Coquet,
« Notaire à Pontailler (sur Saône), mérita la con-
« fiance de Henri IV, qui le fit Contrôleur de sa
« maison et Conseiller d'État, et prit à sa considé-

leur de la maison du Roi, qui, passant par Auxonne, et le trouvant devant la boutique de son père, le lui demanda sur sa physionomie, et l'obtint sans peine.

On ne connoît aucune des autres particularités par lesquelles dut être marquée la jeunesse de Denis Marin; mais sans doute, l'élévation à laquelle il parvint, fut préparée par une éducation soignée, par une instruction solide; et sans doute aussi, ce jeune homme avoit reçu de la nature, des dispositions bien propres à seconder les vues de son bienfaiteur.

Il paroît que vers sa trentième année, il étoit déjà puissant, ou en fortune, ou en crédit; car on le voit dès le 11 mai 1632, pourvu d'un office de Conseiller Secré-

---

« ration Pontailler sous sa sauvegarde en 1595.
« François avança ses frères à la cour; Jacques fut
« Conseiller d'État, et Gaspard fut placé chez le
« comte de Soissons : Étienne qui resta en sa patrie,
« fut Secrétaire de la chambre du Roi..... »

(Courtépée, *Description historique de Bourgogne*, tom. 3, pag. 301 et 302).

taire du Roi, Maison Couronne de France et de ses finances (1).

Ce fut à peu près dans le même temps, qu'il obtint la main de Marguerite Daurat, proche parente de Jean - Baptiste Colbert (2), ce Ministre, dont l'administration forme une des belles époques du règne de Louis le Grand.

Plusieurs enfans naquirent de ce mariage. Six de ces enfans nous sont connus, savoir : quatre garçons, pour avoir occupé des postes élevés dans la Robe, dans l'Épée et dans l'Église, et deux filles pour

---

(1) Tessereau, *Histoire de la grande Chancellerie*, tom. 1.ᵉʳ, pag. 373.

(2) *Lettres de Pelisson* (26 octobre 1673, tom. 2, pag. 73.)

Marguerite Daurat étoit la sœur d'Étienne Daurat qui fut reçu Conseiller au parlement de Paris en 1641 ou 1642, et dont il existe plusieurs portraits gravés, classés dans la *liste de portraits des Français illustres*, qu'offre la *bibliothéque historique* du P. Lelong, édition considérablement augmentée par Fevret de Fontette et l'abbé Boullemier savans Dijonnais. Voy. *Appendice* à la suite du tom. 4, pag. 178.

avoir été noblement et richement pour-
vues ; mais n'anticipons pas. Nous re-
viendrons sur cet article propre à donner
une juste idée, et des richesses immenses
acquises par Denis Marin, et de la consi-
dération puissante dont il jouissoit à la
Cour.

Lorsque la fortune commença à lui sou-
rire, il ne se réserva point exclusivement
ses faveurs. De bonne heure il attira à
Paris, François Marin, son frère, qui par-
tagea avec lui le bienfait d'une bonne éducation. Aussi, vit-on François Marin pourvu le 4 avril 1637, d'un office de Conseiller
Secrétaire du Roi, tel que celui dont Denis
Marin étoit lui-même titulaire depuis cinq
ans. François Marin l'exerça à peine dix
années ; il passa par sa mort à Claude Co-
quille, le 8 juillet 1647 (1).

Destiné à fournir une carrière à la fois
plus longue, plus utile et plus brillante,
Denis Marin exerça son office de Conseiller Secrétaire du Roi, pendant vingt

____

(1) *Hist. de la gr. Chancellerie*, tom. 1.er, pag.
404 et 453.

(5)

années , à l'expiration desquelles , des lettres d'honneur lui furent expédiées le 27 août 1652 (1). Il avoit résigné à Pierre Marin de la Trousserie son second fils , qui résigna lui-même, le 14 mars 1656, à Jacques Le Tillier (2), pour occuper un poste plus important.

Denis Marin, avant que d'avoir parcouru le temps d'exercice prescrit pour aspirer à ses lettres d'honneur, étoit déjà Conseiller d'État, Intendant des finances ; car ce fut en mai 1650, qu'il succéda à M. Du Houssai dans ce ministère qu'il finit par exercer pendant près de trente ans, malgré les révolutions que le nombre des Intendans des finances éprouva.

En 1656, il y en avoit douze avec le titre de Conseiller d'État. Denis Marin étoit le premier (3).

____

(1) *Hist. de la gr. Chancellerie*, tom. 1.er, pag. 474.

(2) *Ibid.*, pag. 494.

(3) *Tablettes de Thémis* (par Louis Chazot de Nantigny) 1.re partie, pag. 92 et 93.

Deux ans après, les Intendans des finances furent réduits au nombre de quatre. Le Roi ne conserva que Séraphin de Mauroi, Antoine Bordeaux de Neufville, N. Bordier et Jacques Le Tillier ; mais la place de Séraphin de Mauroi étant venue à vaquer presqu'aussi-tôt (1) par sa nomination à celle de Contrôleur-général des finances, ce fut Denis Marin qui fut appelé à lui succéder, et qui resta en place encore vingt ans ; il eut lui-même pour successeur, Nicolas Desmaretz, Marquis de Maillebois, qui fut aussi depuis Contrôleur-général (2).

Nous savons que Denis Marin, pendant sa longue carrière, fut quinze fois Intendant d'armée ; qu'il fut Trésorier de l'épargne, et qu'il fut souvent envoyé par le Roi en Bretagne, pour y tenir les États de cette Province ; mais nous n'avons rien de positif sur les époques auxquelles se

____

(1) En 1658.

(2) *Tabl. de Thémis,* 1.re part., pag. 85, 87, 95 et 96.

rapporte l'exercice de ces différentes fonctions.

Toutefois, il est naturel d'en conclure que Denis Marin fut un homme d'une grande capacité dans les affaires (1); que constamment honoré de la confiance du Maître, il la justifia dans toutes les occasions. « Fidelle au Roi en temps difficile : » c'est ainsi que le caractérise le plus ancien explorateur des circonstances de son élévation (2).

---

(1) *Ministre intègre et habile*, dit Courtépée, *Descript. hist. du Duché de Bourgogne*, tom. 3, pag. 261.

(2) Pierre - Gabriël Berbis des Maillis, né à Auxonne le 17 mai 1685, et mort en cette ville le 28 avril 1756, avoit recueilli sur Denis Marin des notes qui nous ont été utiles. Plus rapproché du temps où a vécu son illustre compatriote, ses assertions nous ont paru mériter toute confiance. Nous tenons les notes de Pierre - Gabriël Berbis, de la complaisance d'une personne recommandable de sa famille.

Voy. sur Pierre-Gabriël Berbis des Maillis, l'abbé Papillon, *Bibliothèque des auteurs de Bourgogne*, 2.ᵉ part., pag. 8.

(8)

L'histoire fourniroit, au besoin, une preuve irrécusable de la justesse de l'opinion que donnent naturellement de Denis Marin , les différens postes dans lesquels il a servi l'État. On aime sur-tout à retrouver cette preuve sous la plume de l'illustre Président Hénault. « 1667. Cette
« année, dit-il (1), est une époque fa-
« meuse par tous les sages réglemens du
« règne de Louis XIV. M. Colbert qui
« avoit rétabli les finances, porta ses vues
« plus loin. Justice, commerce, marine ,
« police, tout se ressentit de l'esprit d'ordre
« qui a fait le principal caractère de ce
« Ministre, et des vues supérieures dont
« il envisageoit chaque partie du gouver-
« nement. Il forma à ce sujet un conseil....
« d'où l'on vit sortir tant de réglemens et
« tant de belles ordonnances...... les noms
« de ceux qui composèrent ce Conseil,
« doivent être conservés : c'étoit M. le
« Chancelier Seguier, M. le Maréchal
« de Villeroi, pour qui avoit été créé la

_____

(1) *Abrégé chronologique de l'hist. de France.*

« place de Chef du Conseil, MM. Col-
« bert, d'Aligre, d'Ormesson, de Lezeau,
« de Machault, de Seve, Menardeau, de
« Morangis, Poncet, Boucherat, de la
« Marguerie, Pussort, oncle de M. Col-
« bert, Voisin, Hotman et *Marin*. Les
« séances en commencèrent le jeudi 28
« octobre 1666...... »

Ce fut aussi en 1666, que Denis Marin
fit à la ville d'Auxonne, le don de son
portrait. Ce portrait en pied, ouvrage du
peintre *Dieu*, a été conservé depuis à l'hôtel de ville (1) et décore aujourd'hui la salle
des séances du Conseil municipal ; il offre
cette inscription en lettres d'or : *pater*

______

(1) Nous avons dit, M. Gille et moi, dans notre
Coup-d'œil sur les finances de la ville d'Auxonne,
in-8.°, Dijon, 1801, que le portrait de notre illustre
Auxonnais n'avoit point échappé à la destruction qui
a enveloppé plusieurs tableaux précieux sous le rap-
port de l'art et des souvenirs de l'histoire. Nous le
croyions alors, tandis qu'une heureuse exception nous
avoit conservé dans la poussière des archives munici-
pales, le portrait de Denis Marin. Sa mémoire n'a
donc essuyé aucun outrage de la part de ses compatriotes....!

patriae 1666 : Expression simple , mais énergique de la reconnoissance des Auxonnais d'alors (1).

Qu'avoit donc fait Denis Marin en faveur de ses compatriotes , pour mériter de leur part et de son vivant , cette espèce d'apothéose , ce beau titre de *père de sa patrie ?* On aimeroit à savoir là dessus quelque chose de positif; mais nous avons interrogé sans beaucoup de succès les fastes municipaux. Nous n'avons pour ainsi dire devant nous à cet égard , que le vaste champ des conjectures ; qu'il nous soit permis d'y faire une incursion.

La ville d'Auxonne étoit en possession depuis le commencement du treizième siècle , époque à laquelle elle obtint de ses Souverains la charte de commune, de privilèges que, par ses services et sa constante

---

(1) Avant la révolution , le portrait de Denis Marin offroit l'écusson de ses armes , ainsi blasonné dans les *Tablettes de Thémis ,* 1.re part. , pag. 93 : « d'azur « au cocq d'or , surmonté d'une trangle de même , « laquelle est aussi surmontée de trois croissans « d'argent. »

(11)

fidélité, elle avoit mérité de voir successivement s'accroître. Les Comtes d'Auxonne,
et après eux, les Rois de France sembloient
avoir pris plaisir à gratifier cette ville de
toutes les concessions qui pouvoient lui
donner du lustre et honorer ses Magistrats, accroître la liberté de ses habi-
tans, favoriser leur commerce, encoura-
ger leur industrie et augmenter leur ai-
sance (1).

Sans remonter au delà de l'époque de la
réunion du Comté d'Auxonne à la France,
on voit les honneurs, franchises et immunités de la Capitale de ce Comté, successivement accrus, et toujours confir-
més par nos anciens Rois, depuis Louis
XI, jusques à Henri IV d'aimable et glo-
rieuse mémoire.

----

(1) On voit quels étoient les privilèges dont il
s'agit, dans Jurain, *Histoire des antiquitez et pré-
rogatiues de la ville et conté d'Aussonne*, pag.
94 — 100 : dans Courtépée, *Descript. hist. et
topograph. du Duché de Bourgogne*, pag. 239 —
244 ; et dans D. Plancher, *Hist. génér. et part.
de Bourgogne*, tom. 4, pag. 542.

Ce n'est pas que les Magistrats municipaux ne fussent souvent aux prises avec
les agens du fisc, qui étoient, comme on
sait, impatiens et jaloux des franchises
que le peuple obtenoit par fois, de la
libéralité ou de la reconnoissance de ses
Rois. Sans doute Auxonne , depuis la
mort de Henri IV , eut encore à soutenir
des luttes de cette nature, qui la mirent
dans le cas de solliciter la confirmation
de ses privilèges; elle l'obtint de Louis XIII
en 1636, et de son successeur en 1644 (1).

On est fondé à croire que le titre de
Père de la Patrie décerné par la ville à Denis Marin , se rattache à la protection efficace qu'elle trouva dans cet Auxonnais
en ces circonstances.

En crédit à la Cour, soit par lui-même,
soit par ses entours, Denis Marin fut sans
doute le patron de ses compatriotes ; ses
démarches actives, ses éloquentes sollici-

------

(1) Louis XV les confirma en août 1719 , et
Louis XVI en août 1778.

tations aidèrent leur bon droit à triom-
pher des efforts réunis pour lui fermer
l'accès du trône. Il ne falloit rien moins
pour écarter les obstacles, que le bras d'un
homme puissant, intègre et vertueux, mu
d'ailleurs par un noble sentiment à pré-
venir la chute des franchises d'un pays qui
avoit été le berceau de son enfance et qui
recéloit les cendres de ses pères. Ces franchises, les Auxonnais avoient d'autant
plus de raisons d'en être jaloux; ils devoient ressentir d'autant plus fortement
le bienfait de leur conservation, qu'elles
étoient le prix de services rendus, la ré-
compense d'une fidélité souvent mise à
de fortes épreuves et toujours constante.

Denis Marin n'eût-il donc fait pour son
pays natal, que de contribuer au main-
tien de ses antiques immunités : c'en étoit
assez pour justifier le titre de *Père de la
Patrie*, que lui décernèrent les Auxonnais
ses contemporains, par l'organe de leurs
Magistrats : c'en est assez encore, pour que
leurs descendans ratifient ce beau titre,
tout fondé qu'il est aujourd'hui, sur des

bons offices dont l'effet ne subsiste plus (1).

Mais Marin eut encore bien d'autres droits à la reconnoissance de la ville d'Auxonne ; car, outre que son Église, son Clergé, ses pauvres, se ressentirent à différentes époques de ses libéralités (2),

---

(1) Les Auxonnais feront bien de ne pas perdre la mémoire des grands privilèges dont a joui leur pays, parce qu'ils attestent les vertus de leurs ancêtres, dont ils n'ont point dégénéré ; mais ils n'ont point de regrets à former sur l'extinction de ces privilèges ; ils sont devenus inutiles à leur félicité, depuis que la grande famille des Français enfin réunie sous l'empire des mêmes lois, participe également aux bienfaits d'un Gouvernement modéré, juste et libéral : depuis que le plus brave des peuples s'est rangé sous la bannière du plus grand des grands capitaines, du plus grand des grands Monarques, après avoir fait le funeste essai d'un régime réellement absurde en pratique, si tant est qu'il offre quelque chose de séduisant en spéculation.

(2) Il s'agit des fondations pieuses qu'avoit faites Denis Marin, pour *honorer*, comme il le dit lui-même dans l'un des actes de ces fondations, *la mémoire de ses père et mère au lieu où leurs corps sont inhumés :* de ses père et mère *auxquels dès sa naissance, il a continuellement rendu tous honneur, de-*

elle éprouva souvent les effets de la faveur dont il jouissoit auprès du Prince,
de l'ascendant qu'il avoit dans les Conseils.

---

voir et obéissance. Acte de Jean de la Croix, notaire
à Auxonne, le 22 mars 1642. Il y a un autre acte de
Borthon, notaire à Auxonne, le 25 juillet 1662, auquel est jointe une procuration passée devant Guyon
et Gaudron, notaires au Châtelet de Paris, le 20
avril 1661. Dans cette procuration, Marin est qualifié : « Messire Denis Marin, seigneur de la Chas-
« teigneraye et autres lieux (*), Conseiller du Roi
« ordinaire en ses Conseils, Secrétaire de Sa Majesté
« et Intendant des finances de France, demeurant
« rue de Paradis, paroisse Saint-Jean en Grève. »

Il existoit avant la révolution, une épitaphe des
père et mère de Denis Marin, dans l'Église Notre-
Dame d'Auxonne, contre le pilier au-dessus de
l'autel Saint-Yves : autel qui ne subsiste plus. Ce
monument, que nous avons vu, étoit l'hommage de
la piété filiale.

(*) Outre la terre de *la Chasteigneraye*, petite ville du
Poitou, aujourd'hui du département de la Vendée, arrondis-
sement de Fontenay, et chef-lieu de canton, Marin possédoit
Mouilleron, petite ville, *Menomblet* et *Antigny*, villages,
tous trois du même canton, et qui ne formoient sans doute
avec la Chasteigneraye, que la même seigneurie sous le
titre de marquisat.

C'étoit à lui que s'adressoient directement les Municipaux, lorsqu'ils avoient ou à implorer la justice du Roi, ou à solliciter sa munificence ; et toujours le succès couronnoit chacune de leurs demandes. Tantôt on le voit faire accorder, en pur don, par Louis XIV, 3000 liv. pour la réparation du pavé de certaines rues (1) : tantôt il fait proroger la jouissance des octrois, et surseoir à des contraintes impitoyables exercées contre la Commune par des agens du fisc (2) : c'est à lui enfin, qu'Auxonne est redevable du fameux arrêt du Conseil du 31 août 1677, qui l'a maintenue dans la propriété de sa belle forêt *des Crochères :* propriété qui avoit déjà fait si souvent la matière des

---

(1) Lettres de Denis Marin, aux Maire et Échevins, des 24 octobre 1661, 11 juin et août 1664.

(2) Arrêts du Conseil du 11 octobre 1661, rappelés dans la lettre du 24 du même mois. « Je vous « envoie, porte cette lettre, deux arrêts tels que je « les ai pu faire résoudre au Conseil. J'en ai écrit à « M. Bouchu (Intendant de Bourgogne), afin de « vous le rendre favorable dans l'exécution.... »

contestations que lui suscitoit pour ainsi dire périodiquement, mais toujours sans fruit, la maîtrise particulière des eaux et forêts de Dijon, impatiente de sentir exempte de sa juridiction, une pièce de 2600 arpens de bois, assise dans son ressort : mais revenons.

Sans doute Denis Marin n'avoit franchi les obstacles que l'obscurité de son extraction sembloit, sous le régime de son siècle, opposer à son élévation, que par un vrai mérite ; que par un rare assemblage de qualités que surent apprécier les deux Monarques qu'il a successivement servis, et sur tout ce Louis XIV, qui possédoit, comme on sait, l'art si heureux sur le trône, de *démêler les hommes* (1) et de les faire servir à ses grands desseins.

Au reste, la réputation de sagesse et d'intégrité de Denis Marin, et en général la pureté de sa vie, sont attestées par des monumens contemporains.

Nous voyons en 1666, un de ses com-

______

(1) Expressions du P.ᵗ Hénault.

patriotes (1), rendre à ses vertus, un hommage public, en lui dédiant un livre de
morale (2). Cette fois, on peut le croire,

------

(1) Nicolas Harbet, Conseiller Secrétaire du Roi,
maison couronne de France et de ses finances, Avocat
au parlement de Bourgogne, né à Auxonne le 31
août 1594, et mort à Dijon vers 1670.

(2) *Pibracii Tetrastica gallica latinè disticata.*
Les Quatrains français du sieur de Pibrac, traduits
en autant de distiques latins ; *in-4.º* Paris, 1666.

Ce livre est orné du portrait de Marin, gravé par
de Larmessin, 1666, avec cette légende : *Dionysius
Marin, regi a sanctioribus consiliis et aerarii
praefectus.* Au-dessous, sur une table rase, sont ses
armes.

On connoît deux autres portraits de notre illustre
personnage, l'un gravé par *Nanteuil* d'après *Dieu*,
en 1661 (il y en a une belle épreuve à Auxonne,
chez Mad.ᵉ veuve Berbis des Maillis), et l'autre
par Masson, en 1666.

Ces trois portraits sont classés dans la *Liste de
portraits des Français illustres*, Appendice de la
Biblioth. hist. de la France, tom. 4, pag. 227.

Nous possédons une belle copie à l'encre de la
Chine, de la gravure de *Nanteuil*, par M. *Baillet*
le père, Professeur à l'École d'artillerie d'Auxonne,
artiste d'un talent distingué, d'une rare modestie et
d'un noble désintéressement.

la louange n'étoit point flatterie. Les muses françaises et latines prirent part à cet hommage ; et tous les éloges dont Marin fut l'objet, s'accordèrent à publier qu'il offroit dans sa conduite, la mise en pratique des préceptes qui font la matière du livre.

C'est aussi sous ces traits que le peint d'un seul mot, l'inimitable Sévigné, dans sa lettre à madame de Grignan, sa fille, du 10 novembre 1673, à l'occasion de la nomination de M. Marin fils aîné, à la première présidence du Parlement d'Aix. Voilà, dit madame de Sévigné ; « voilà « Brancas qui vous embrasse, et M. de « Caumartin qui ne vous embrasse pas, « mais qui a eu une conversation admi- « rable avec le bon homme M. Marin, pour « instruire son fils de la conduite qu'il « doit tenir avec M. de Grignan...... » Celui-ci commandoit, comme on sait, en Provence.

Le *bon homme!* ..... Qu'on ne croie pas que cette expression se trouve ici en mauvaise part, sous la plume de madame de Sévigné (1).

Sans doute Marin étoit *bon homme ;* mais cela veut dire qu'il étoit doué de cette bonté naturelle qui éclate dans toutes les actions même les plus indifférentes (2) : de cette vertu, compagne assez rare d'un mérite tel que celui auquel il dut son élévation : de cette vertu qui se faisoit d'autant plus remarquer en lui, qu'elle étoit plus rare sur le théâtre où on le voyoit : de cette vertu enfin, dont on a trop souvent prostitué le nom en le détournant de sa véritable acception.

___

(1) Un jour le Président Jeannin, l'un de nos illustres bourguignons, étant entré dans l'appartement de Henri IV, où se trouvoit la Reine Marie de Médicis, le Roi embrassa affectueusement Jeannin, et dit à la Reine : « Madame, voyez-vous *ce bon* « *homme ;* c'est un de ceux de mon royaume, les « plus attachés à mon service, et le plus en état de « faire le bien de mes sujets ; si Dieu dispose de « moi, je vous conseille de lui donner votre con- « fiance. » (Dom Plancher, *Hist gén. et partic. de* « *Bourgogne,* tom. 4, pag. 635 et 636.)

(2) Lafontaine aussi étoit *bon homme.*

Ainsi Marin, *bon homme* pour madame de Sévigné, étoit Marin parvenu sans bassesses, devenu riche sans concussions, élevé sans orgueil, capable sans prétentions, jouissant de la confiance du Roi, sans l'avoir captée par l'intrigue, obtenant des places, des dignités pour ses enfans, sans autres sollicitations que celles de sa fidélité, de ses loyaux, de ses longs services; Marin enfin, bon citoyen, bon fils, bon époux, bon père, bon ami, serviable, bienfaisant : en un mot homme de bien, dans toute la force, toute l'étendue de l'expression.

L'état qu'ont tenu les enfans de ce respectable personnage, offre un tableau à la fois curieux et intéressant.

L'aîné, Arnoul Marin, portoit le titre de Marquis de la Chasteigneraye ; après avoir été d'abord Conseiller au Parlement de Metz, il fut pourvu le 11 juin 1667, d'un office de Maître des requêtes (1).

____

(1) *Tabl. de Thémis*, 1.re partie, pag. 189.

Il étoit Intendant d'Orléans , lorsqu'en 1673 , il fut élevé à la première présidence du Parlement d'Aix (1). Il alla le 8 novembre, à cette occasion , saluer le Roi qui lui dit : *vous aurez d'étranges esprits à gouverner en Provence ;* « mais, « observe madame de Sévigné qui conte « cette anecdote (2), c'est un homme qui « mettra le bon sens et la raison par

---

(1) Lettre de Pélisson , du 26 octobre 1673 , tom. 2 , pag. 73 , et Lettre de Mad.ᵉ de Sévigné , du 10 novembre suivant.

« La charge de premier Président du parlement « d'Aix , dit Pélisson , est donnée à M. de la Chas- « teigneraye , fils aîné de M. Marin et Intendant « à Orléans. Il aura aussi l'Intendance de Provence. « Il donne cinquante mille écus au jeune M. d'Op- « pède , et promet de lui remettre la charge quand il « sera en âge , c'est-à-dire , dans dix ou douze ans « d'ici. M. d'Oppède épouse sa sœur , Mll.ᵉ Marin , « parente assez proche du chef de sa mère , de M. « Colbert qui a fait toute cette affaire. Le second fils « de M. Marin , nommé M. de la Trousserie..... « Maître des requêtes , et de mon quartier , succède « à l'Intendance d'Orléans. »

(2) Lettre du 10 novembre 1673.

« tout (1) ; » il fut fait Comte palatin ou du palais, par Clément X, avec le droit de porter les armes de sa Sainteté ; nous ignorons à quelle occasion ; il fut obligé par la suite, dit-on, de se démettre de sa première présidence : ce fut M. le Bret qui lui succéda (2). Arnoul Marin avoit épousé une sœur de Charles Colbert du Terron, Marquis de Bourbonne, Conseiller d'État et Intendant de marine ; il en a eu six enfans, savoir : un Mousquetaire de la première compagnie, un Lieutenant de la *galère réale*, un Prieur d'Olme au diocèse de Saintes, une fille mariée à un Conseiller au Parlement d'Aix, et deux autres filles dont l'une est morte à vingt

---

(1) Ce pronostic, fondé sans doute sur le caractère connu d'Arnoul Marin, n'empêcha pas Mad.ᵉ de Sévigné, deux ans après, de s'égayer un peu sur son compte. *Voy.* Lettre du 16 octobre 1675.

(2) *Biblioth. hist. de la France*, Liste de portraits des Français illustres, *Appendice* à la suite du tom. 4, pag. 227. On classe dans cette liste deux portraits d'Arnoul Marin, gravés par *Jacques Cundier*, in-fol., Aix, 1674 et 1724.

ans, religieuse de la visitation à Aix. Arnoul Marin mourut le 20 avril 1699 (1).

Le second fils de Denis Marin, Pierre Marin de la Trousserie, Marquis de Mont-Marin, fut successivement Conseiller Secrétaire du Roi en la grande chancellerie, le 27 août 1652 (2), Conseiller au Parlement de Paris, Maître des requêtes le 31 avril 1672 (3) et Intendant d'Orléans à la place de son frère aîné, l'année suivante. Il fut marié avec Catherine Boyer, veuve de Benigne Joly d'Ecutigny, greffier en chef des États de Bourgogne ; il mourut le 10 mars 1697 (4). Sa femme étoit morte en septembre 1685 (5).

---

(1) *Tabl. de Thémis*, 1.re part., pag. 189.

(2) *Hist. de la gr. Chancel.*, tom. 1.er, pag. 474.

(3) *Tabl. de Thémis*, 1.re part., pag. 192.

(4) *Ibid.*

(5) Un M. Marin, Capitaine de cavalerie, fut tué à la bataille de Stafarde en Piémont, gagnée par Catinat sur le Duc de Savoie, le 18 août 1690. On ne sait s'il étoit fils de Pierre Marin de la Trousserie (*), ou s'il étoit d'une autre famille.

(*) M. Marin de la Trousserie fit, en juin 1669, un voyage à Auxonne. Le corps de ville s'assembla pour délibérer sur

Le troisième fils de Denis Marin , qualifié sieur de Mouilleron , étoit Lieutenant
des gardes du Corps, compagnie de Luxem-

---

la réception à lui faire. Il fut résolu que le Maire et l'un des
Échevins iroient à cheval, à sa rencontre ; qu'à son arrivée,
les Magistrats lui feroient une visite en corps , et qu'il lui
seroit fait présent *de vin, poisson et confitures tant pour
Monseigneur que pour Madame sa femme , et en recognois-
sance des obligations et services que M. Marin son père rend
incessamment à la ville.* (Délibération du 23 juin 1669.)

Par sa lettre du 25 août 1669 , Denis Marin témoigna au
corps de ville sa sensibilité pour cette réception naïve , en
ces termes affectueux : « Messieurs, ayant appris par le re-
« tour de mon fils, les honneurs que vous lui avez faits , j'ai
« cru vous en devoir remercier et vous assurer que je serai
« toujours fort disposé pour contribuer au bien général de la
« ville où il a plu à Dieu que j'aie pris naissance ; j'en atten-
« drai l'occasion avec impatience, et cependant je demeure,
« Messieurs , votre très-humble et très-affectionné serviteur.
« *Signé* MARIN. »

Nous ne pouvons résister à consigner ici la réponse que
fit à cette lettre le corps de ville, parce qu'on y retrouve la
trace du titre de *père de la patrie* décerné à Denis Marin.
« Monsieur, vous avez trop de bonté de nous faire remerci-
« mens de la réception de M. de la Trousserie , puisque nous
« vous sommes si obligés que nous n'avons fait qu'une partie
« de notre devoir , joint au mérite particulier dudit sieur de
« la Trousserie, qui nous a paru si grand , que nous vous
« pouvons assurer, Monsieur, qu'il s'est acquis une vénéra-
« tion particulière de toute la ville , et que nous espérons
« *qu'il succédera à la qualité de* PÈRE DE LA PATRIE; ce
« sont, Monsieur, nos vœux et de vous conserver une par-
« faite santé , étant avec respect , vos très-humbles et très-
« obéissans serviteurs, les Maire et Échevins d'Auxonne. »

bourg, Maréchal de camp et Chevalier de Saint Louis. Cet officier qui vécut et mourut célibataire, étoit si sévère, dit-on, qu'il étoit plus craint qu'aimé de ses subordonnés.

Un quatrième fils avoit embrassé l'état ecclésiastique ; il fut Trésorier de la Sainte-Chapelle de Bayonne, chanoine Comte de Brioude et abbé de Pibrac. On prétend que des mœurs peu canoniques lui fermèrent seules la porte de l'Épiscopat, que le Roi avoit manifesté le dessein de lui ouvrir.

Quant aux filles, l'aînée donna sa main à M. Duplessis - Bonneau, Procureur du Roi au Châtelet de Paris, et la cadette à Jean-Baptiste Forbin d'Oppède, Président à Mortier au Parlement de Provence, qui fut Ambassadeur en Portugal, en 1674 ; il étoit de la famille de Toussaint de Forbin, plus connu sous le nom de Cardinal Janson.

Ainsi, la fortune sembla se complaire à combler de ses dons, Denis Marin jusques dans ses enfans.

Nous ignorons à quelle époque la mort lui enleva Marguerite Daurat, sa femme, et s'il resta long-temps veuf. Toutefois on tient qu'il forma une nouvelle union avec Rénée-Denise de La Croix (1), de laquelle il n'eut point d'enfans, et qui lui survécut.

Il mourut à Paris le 27 juin 1678, dans sa 78.ᵉ année. Son corps reçut la sépulture dans l'église des blancs-manteaux (2).

A sa dernière heure, il recommanda à des amis puissans, qui lui étoient redevables de leur fortune, la famille *Coquet,* à l'un des membres de laquelle on a vu qu'il devoit lui-même originairement la sienne; et cette recommandation fut efficace. Ainsi le sentiment de la reconnoissance pour le protecteur de ses jeunes ans, pour son premier bienfaiteur, fut le der-

---

(1) Il est probable que la seconde épouse de Denis Marin, appartenoit à cette famille *de La Croix* qui a donné six Maires à la ville d'Auxonne depuis 1582 à 1672.

(2) Biblioth. hist. de la France, *Appendice* à la suite du tom. 4, pag. 227.

nier sentiment terrestre que sa belle ame
manifesta : l'un des derniers hommages
qu'ici bas, il rendit à l'Éternel.

FIN

NOTES

Pour faire suite aux *Recherches biogra-
phiques sur Denis Marin de la
Chasteigneraye.*

———

I. **N**ous avons dit, *page 1.re*, que le père de
Denis Marin exerçoit la profession de *cordonnier*.
Nous l'avons dit sur la foi d'une tradition locale
assez constante, et plus encore sur la foi des *notes
de Pierre-Gabriël Berbis des Maillis*, citées *page 7 ;*
mais il nous est maintenant démontré que nous n'a-
vons été nous-même que l'écho de l'erreur.

L'acte de naissance de Denis Marin, que nous
avions consulté, ne démentoit ni ne confirmoit la
tradition, parce que le registre où cet acte repose,
est tellement rongé par le temps ou par les rats,
qu'il n'existe de ce même acte, qu'un lambeau qui
n'offre aucune lumière sur la profession de son père.

Le fait est que *Jean* Marin père de *Denis*, étoit
marchand. Nous en avons pour garantie authentique,
les actes de naissance de *Barbe* Marin, du 21 septembre 1597 ; de *Marguerite* Marin, du 15 décembre
1605 ; de N. ... Marin, du 1.er octobre 1607 ; de
François Marin, du 22 octobre 1609 ; de *Philibert*
Marin, du 24 octobre 1611 ; de *Claude* Marin, du
27 septembre 1613 ; et de *Jean* Marin, du 22 février 1616.

(2)

Ces sept individus, tous frères et sœurs de *Denis Marin* (1), sont dits, sans exception, dans ces actes : *fils* ou *filles d'honorable JEAN* Marin, *MARCHANT, du corps d'honneste JULLIENNE Jacquot* et quelquefois *Jacob* (2).

Il faut donc tenir pour constant que notre *Intendant des finances* ne naquit point d'un *cordonnier*, comme la tradition l'a faussement enseigné; mais bien d'un *marchand*, qualifié d'*honorable* suivant l'usage du temps : qualification qu'on ne donnoit point aux *artisans* pas plus qu'on ne donnoit à leurs femmes la qualification d'*honneste*.

L'intérêt de la vérité vouloit que, profitant des lumières qu'on nous a données, nous nous empressassions de rectifier par la publicité de cette *note*, une assertion erronnée et contre laquelle les descendans de M. Marin de la Chasteigneraye, s'il en

____

(1) *François*, né le 22 octobre 1609, est celui qui mourut vers 1647, conseiller-secrétaire du Roi en la grande chancellerie. (*Voy. pag. 4.*)

(2) Nous sommes redevables de la découverte des actes dont il s'agit, à M. Girault, ancien maire, conservateur de la bibliothèque publique et des archives de la ville d'Auxonne, notre confrère à l'académie de Dijon, qui s'est livré, d'après notre invitation, au travail très utile d'une table des anciens registres de l'état civil. M. Girault a eu la complaisance de nous faciliter la vérification de ces actes sur les registres mêmes. C'est à M. Girault que nous devons aussi la communication des extraits de l'*Histoire généalogique et chronologique de la maison royale de France*, etc., qui nous ont donné l'idée de publier les notes II et III ci-après.

(3)

existe, auroient pû réclamer sans risque d'encourir
le blâme d'une fausse délicatesse ; l'état civil étant
une propriété sacrée : une propriété dont la revendi-
cation est toujours digne de faveur.

II. Nous avons dit, *page 23*, qu'*Arnoul Marin*
avoit épousé une sœur de Charles Colbert du Terron,
marquis de Bourbonne, etc.

Si l'on en croit les auteurs de l'*Histoire généalogique et chronologique de la maison royale de France,
etc.* 3.ᵉ édition, tom. VIII, pag. 301, E (1), *Arnoul
Marin*, qu'ils qualifient faussement de premier président du parlement de *Metz* en 1673 (2), auroit
été marié deux fois ; car ces auteurs donnent pour
femme à ce magistrat, *Marguerite DE FORBIN*, fille
de *Henry DE FORBIN-MAINIER*, baron *d'Oppède*,
premier président du parlement de Provence en 1655,
mort en 1671, et de *Marie-Thérèze DE PONTEVEZ.*

Mad.ᵉ de Sévigné viendroit à l'appui de la réalité
de cette alliance ; car on voit dans sa lettre à Mad.ᵉ
de Grignan du 16 octobre 1675, qu'en s'égayant un

____

(1) Cet ouvrage en 9 vol. *in-fol.*, Paris, 1733, est du
P. Anselme, augustin déchaussé, continué par M. *Dufourny*,
et revu, corrigé et augmenté par les *PP. Ange* et *Simplicien*,
augustins déchaussés.

(2) Il est disertement prouvé par la *lettre de Pelisson* du
26 octobre 1673, par *celles de Mad. de Sévigné* des 10 novembre 1673, et 16 octobre 1675, et par la *biblioth. hist. de
la France, APPENDICE* à la suite du tom. 4, pag. 227,
qu'*Arnoul Marin* fut élevé en 1673, à la première présidence
du parlement D'AIX et non de *Metz.*

peu sur le compte du premier président d'Aix et de sa moitié , elle finit par nommer *la petite D'OPPÈDE*.

Préoccupés que nous étions , en lisant cette lettre , de ce qu'une des sœurs d'Arnoul Marin avoit épousé *Jean-Baptiste DE FORBIN - MAINIER* , marquis *d'Oppède* (1), nous avions pensé que c'étoit cette sœur du premier président d'Aix que Mad.^e de Sévigné désignoit ainsi : *la petite D'OPPÈDE* (2). Il ne nous étoit pas venu à l'idée qu'Arnoul Marin pouvoit avoir été marié deux fois , et qu'il pouvoit y avoir eu une double alliance entre les deux familles *Marin* et *Forbin d'Oppède*.

III. Nous n'avons parlé , *pag. 3 et 26,* que de deux filles de *Denis Marin*. Il paroîtroit y en avoir

-----

(1) Ce mariage avoit eu lieu en 1674. *Voyez l'HIST. GÉNÉALOG. ET CHRONOLOG. DE LA MAISON ROYALE DE FRANCE ,* etc. , tom. VIII , pag. 302 , A.

(2) Du mariage du marquis d'Oppède avec N... Marin , fille de Denis Marin , seigneur de la Chasteigneraye , disent *les augustins déchaussés ,* tom. VIII , pag. 302 , A , naquirent :

1.º N... de Forbin , marquis d'Oppède.

2.º Constance - Bernard de Forbin d'Oppède , chanoine d'Aix , député à l'assemblée du clergé en 1715 , abbé de St.-Florent , aumônier du Roi après son frère en 1728 , grand-vicaire de l'archevêché de Paris.

3.º Charles-Roderic-Gonzalve de Forbin , dit : le chevalier d'Oppède , exempt des gardes-du-corps du Roi , qui mourut à Paris le 29 octobre 1717 , âgé de 33 ans.

4.º Paulin-Palamèdes-de Thelesfort de Forbin-d'Oppède , qui fut aumônier du Roi au mois d'octobre 1725 , et abbé de Larrivour en 1726.

eu une troisième , nommée *Jacqueline* , mariée à *Nicolas QUELAIN* , conseiller au parlement de Paris.

On lit en effet, dans l'ouvrage des *Augustins déchaussés*, déjà cité (1), que *Jean-Baptiste Seguier*, seigneur de Saint-Brisson , épousa en 1684 , *Marie-Rénée Quelain*, fille de *Nicolas QUELAIN*, conseiller au parlement de Paris , et de *JACQUELINE MARIN* (2) , et que N... *Quelain*, substitut du procureur-général du parlement de Paris , fils de *Nicolas QUELAIN*, conseiller en la grand'chambre (et par conséquent de *Jacqueline MARIN*) , épousa en juin 1696 , *Élisabeth DE VIGNEROT DU PLESSIS-RICHELIEU.*

Rien ne s'oppose à l'idée que *Jacqueline Marin* fut l'une des filles de Denis Marin ; tout semble au contraire la confirmer.

IV. Nous avons rappelé dans la note 2 qui commence au bas de la *page 14,* des actes qui constatent les fondations pieuses qu'avoit faites à Auxonne , Denis Marin. M. Girault nous en a communiqué un autre tiré des archives de l'hôpital et dont nous

____

(1) Tom. 6 , pag. 569 , A ; tom. 9 , pag. 463 , A , et tom. 4 , pag. 377 , A.

(2) Du mariage de la petite fille de *Jacqueline MARIN* avec *Jean-Baptiste SEGUIER*, naquirent, 1.º Nicolas Seguier, page de la duchesse de Bourgogne en 1703 ; 2.º Jean-Baptiste Seguier, mort au siége de Fribourg en 1713 ; 3.º Maximilien Seguier , mestre de camp d'infanterie ; 4.º *Jacqueline-*Charlotte Seguier. (*Hist. généalog. et chronolog. de la maison royale de France,* tom. 9 , pag. 463 , A.)

(6)

connoissions l'existence sans en connoître la date. C'est une transaction passée devant *Esmilland Gotheret*, notaire à Auxonne, le 20 mai 1673. Les parties étoient les curé et régents de la familiarité de l'église d'Auxonne, François Dartois, avocat, *ayant charge de M. Marin, seigneur de la Chasteigneraye, conseiller du Roy en tous ses conseils, et intendant des finances*, et les maire, échevins et procureur-syndic, directeurs de l'hôtel-Dieu.

Par cette transaction, une aumône de trente livres, que devoient faire annuellement les prêtres-familiers de l'église d'Auxonne, en exécution des fondations faites par les actes de 1642 et 1662, fut par eux rachetée par le versement d'un capital de 600 liv., dans la caisse de l'hôtel-Dieu d'Auxonne. Par contrat du 27 mai 1642, M. Marin avoit déjà donné à cet hôpital, la somme de 1000 liv. Ces deux sommes devoient être placées, et elles l'ont sans doute été, *en achats d'héritages ou contrats de constitution de rente.*

V. Nous prions les personnes qui pourroient nous fournir d'autres renseignemens sur Denis Marin que ceux consignés dans nos *Recherches* et dans nos *Notes supplémentaires*, de vouloir bien nous les faire parvenir. Nous en ferons usage si nous sommes par la suite dans le cas de publier une nouvelle édition de notre opuscule.

Auxonne, le 16 décembre 1807.

C. N. AMANTON.